AF607126
AVERSO

BAJO EL CADÁVER DEL POEMA

José Antonio Pamies

Número 38 de la Colección **PERVERSA**

Bajo el cadáver del poema

Edición al cuidado de Averso Poesía
www.aversopoesia.com

hola@aversopoesia.com

Primera edición: septiembre de 2024
ISBN: 978-84-10027-43-5
Depósito Legal: GR 1295-2024

Impreso en España - *Printed in Spain*

El papel utilizado para la impresión de este libro está calificado como papel ecológico y procede de bosques gestionados de manera sostenible.

BAJO EL CADÁVER DEL POEMA

José Antonio Pamies

He venido, ya lo comprendes bien, sólo por una tarde;
he venido a decirte que todo da lo mismo.
Vivir es finalmente un duro encuentro
en un lugar vacío.

César Simón

Fumo mucho. Demasiado.
Fumo para frotar el tiempo y a veces oigo la radio,
y oigo pasar la vida como quien pone la radio.
Fumo mucho. En el cenicero hay
ideas y poemas y voces…

Leopoldo María Panero

43

Escribo en movimiento, divago,
recorro kilómetros y kilómetros
hasta llegar a ti, poema esquivo,
que odias visitarme en el hogar
y mueres por las calles conmigo,
donde tus versos duelen al pasar
cerca de esa gente que saluda
y te espera al final del camino,
como si realmente conocieran
este vacío abierto que avanza
sin esperanza hacia la nueva noche,
remota oscuridad, todo se apaga
en un torpe regreso sin memoria
donde se acaba borrando tu voz,
así me abrazo al sueño repetido
de la página en blanco.

42

Sumergida y rota
en los espejos de la calle
avanza la existencia
y su obstinado engaño,
otoñal devenir
de la página en blanco,
ceniza en la memoria,
vacíos campos,
este abúlico verbo
hoy señala una piel
incapaz de encender
la vida de los años,
grandes hojas que caen,
sutil fracaso.

41

Bajo la séptima capa
de un corazón dubitativo
arde el desierto de la sed,
esta sed de nuestros días
que ahí fuera absolutamente nadie
puede ya detener.
Errante bajo las sombras del siglo
buscas la llave luminosa
que pueda desvelar el misterio,
revelación
de una existencia digna
de querer ser vivida.
Detenido en la región de Yahvé
regresas a la piedra
que dio cobijo a tu niñez,
casa anterior
a esta existencia dada,
aquí reposan los huesos
de una verdad fulgurante
anterior al lenguaje.

40

Habitar sin miedo
en la frágil levedad de esta escritura
que surge de la nada
y su crepúsculo de fuego,
absoluto no destruido
por su propia canción llameante.
Rayo que ensordece
cualquier minúsculo atisbo de vida,
idea y memoria se apagan,
mueren,
insignificancia
de toda esa existencia
que los pájaros adornan de luz.
Ante el vacío del relámpago
resuena el trueno
de esta firme destrucción de melodías,
súbita desconexión sin freno
que agrieta las palabras.
Hasta quebrar
el acertijo de sílabas,
y descifrar el estupor del roble,
la sinrazón
            de otra mañana abierta
que late
bajo la muerte del poema.

39

Aún no duele el porvenir
bajo la sombra de tus ojos
cansados de observar vacío,
sin embargo algo leve pesa
sobre la placidez del sueño,
donde la noche nos acoge
dando tregua a la vida.
Ha transcurrido el día
y en su urgencia de fuego
se ha esfumado la realidad,
nada termina en su morada
que no podamos olvidar
al declinar la tarde,
no hay nada que puedas hacer
para detener el tiempo
o retener la rosa,
el porvenir no llega nunca,
es el miedo lo que agota
y la muerte acecha sin avisar,
ninguna piedra recordará tu nombre,
duerme a salvo del tiempo mientras puedas.

38

Vi arder la luz de enero
cerca de la sierra alta,
donde anida el buitre
y la carroña de los días sangra.
En el monte
la hierba ardía como nieve
derretida sobre roca muda,
sobre la roca y su ceniza azul
que es sombra mensajera de la parca.
Era un desierto extraño
no sé de qué día, la nieve ardía
y los buitres te arrancaban los ojos,
inconsciente tragedia del reloj
cristalizada en instantes de fuego,
poema muerto,
cadáver de otras vidas
donde la luz de enero estalla.

37

Aquella finitud ajada de los nombres,
cuando sentir la piel era un camino probable
y la verdad de la vida apenas importaba.
Entonces el cuerpo era una brújula
sin mayor coordenada que el deseo:
perdido sin excusas fuiste cayendo abajo,
hasta donde nadie sabe decir.
Lúcido y vencido
caes ahora en la cruz de los días siguientes,
donde la imagen afila el dolor
del amor que nunca fue amor y se ha ido,
un remoto fado te envenena la memoria,
como un inconsciente faquir
fumas solo en la plaza desierta,
regresas a aquel verso de Pessoa
que a ningún lector sin heterónimo
le hubiese gustado escribir:
«he fracasado en todo».

36

Aunque el canto del pájaro
suene hoy desagradable,
y duela la vida,
nos convocamos para celebrar
su permanencia azul,
esta luz incuestionable
que abraza la existencia.
Cantemos pues el nuevo día
desde la reposada escucha
que inunda los sentidos,
permaneciendo,
al margen de tecnologías.

35

La sombra
trabaja en lo que pudiste haber sido
y abre espacios sin nombre
donde anida Luzbel,
en esa falla oscura se desata la lucha
de la historia del ser
y su destino.

34

En la ranura
del no tiempo:
el ojo de la noche,
la llama en el desierto.

33

Al nacer el día los pájaros
vomitan su canto veraniego
contra el nuevo azul,
eres feliz en el sueño
negro de la nada,
entonces despiertas
en medio del vacío,
buscando a Dios entre las sombras
del último sueño.

32

Lenguaje,
llama muda en el desierto
de las cosas sin nombre,
arde la luz de junio
junto a los recuerdos dormidos
del ser y de la nada.

31

Jazmín cansado y derrota
en la baranda del tiempo,
apoyado solo jugabas
cuando el sol de la infancia,
y todo era azul, rumor de olas,
como aquel amor de sus ojos
que se fue oscureciendo
junto al mar de la vida,
pena abierta, memoria
de este dolor sin nombre
que el salitre evoca
al declinar la tarde.

30

Si el verso aparece,
y el poema te llama,
no lo dejes pasar.

Él no espera,
se debe al puro instante.

Es urgente,
perderás trabajo y familia,
«pierdes el tiempo»
te dirán.

Pero nada importa más
que el ahora.

29

Al amanecer
un haz de luz en la ventana
recuerda la importancia
del primer silencio consciente
del día.

28

Te escondes de la luz
activa del trabajo,
de la mañana y su alboroto
donde estalla la vida,
te abruman los olores del mercado,
gente que grita y se saluda
como hermanos de sangre
que apenas se conocen,
avanzas por el día con cuidado
entre oscuros ministerios
donde impera la queja,
como un preso voluntario
desempeñas tu papel
hasta que cae la noche,
y en la fraterna intimidad
de esta lectura cómplice
se desata la luz,
brilla la verdad de tu tiempo,
el poema tan solo certifica
nuestro fracaso compartido.

27

Enmudecer sin odio,
donde resuenan
confusas palabras
lanzadas al vacío.

Enmudecer,
allí donde el lenguaje muerde
como un perro rabioso
y sin amigos
a los que atender.

Esta vida se apaga
bajo su apariencia de ruido.
Encaja
la incómoda verdad
de tu destino.

Enmudecer, ser nadie,
tejedor de versos sin raíz
que el viento del norte azota
bajo la noche insomne.

26

No amanece el día,
la noche helada ruge
bajo un manto de estrellas,
casi en secreto
el filo de los años
araña el rostro de la luna
sobre este espejo de sílabas,
se amortigua la luz
sobre el campo herido.
Al otro lado del lenguaje
cicatriza la memoria,
es el sueño de la vida.

25

Los pasos insomnes,
los pasos del poema,
resuenan con desprecio
sobre un callejón recurrente.
El trazo traidor, inmisericorde,
de la palabra homicida:
la sílaba arrítmica que golpea
el corazón vencido de la noche.
Actúan sin piedad,
y no aportan un ápice de fuerza
a ese lector desconocido
que camina solo, contrariado.
Los pasos que resuenan,
los pasos insomnes te señalan
«poeta».
Duda encendida de pájaros diurnos,
sientes el frío
en esta madrugada hostil:
cenizas de sueño, la no lágrima
carcome la razón de los sauces.
Duele sentir tu diferencia,
la embestida incierta del destino
y el miedo hacia el error
de prefijar un nombre.
Duele no ser capaz de transcribir
sobre el mapa claro de la vida
tu propio paso,
tu lenguaje.

24

Y vuelvo a la tristeza
sin nombre de las cosas,
a los semáforos en rojo y al rencor
de aceras recorridas sin cariño,
al desamor culpable y a la ira
de no ser capaz de remontar el vuelo,
vuelvo al miedo a despertarme vivo
en la creciente decadencia de los días,
con la lluvia monótona del «no»
doliéndome en los huesos.

23

Entre las ruinas del dolor
late una tenue luz
peligrosa como la vida,
despiertas y el miedo
a que lo nuevo sea
destroza el paisaje,
inmóvil aprendes a escuchar
desde el poema,
ardientes lirios renacen
bajo las duras lágrimas.

22

Cuando la polisemia
confunde los espejos
y empaña las razones cotidianas,
y cae la tarde sobre tus recuerdos,
es hora de correr
hacia ninguna parte.

21

Cualquier día
podemos morir
sobre esta misma cama,
hoy todavía
nos disponemos a dormir,
o eso creemos siempre.

La muerte llama,
el silencio abre puertas
que el día oculta.
El sueño y la nada,
única realidad
donde la vida estalla.

Fuera de toda realidad
el hechizo del poema muerto
subyace en el asfalto del día,
nadie lo ve y el que lo siente
tarde se ve capaz de rescatarlo.

Somos nada,
aunque la vida duela
no estamos vivos.

20

En recóndito temblor
anida el fuego,
palabra
que será materia.

A este lado de la escucha
enmudece el ser,
y el cielo de abril
en cómplice balbuceo
desparrama su belleza
sobre la tarde.

Y siente el corazón
latir su ser indescifrable
frente al espejo del lago,
como en un largo sueño.

19

Hay un ser invisible
que habita en el lenguaje,
cada mañana
al cruzar la puerta
que separa el sueño del día
lo escucho susurrar
un poema inexistente.

Más tarde
la voz se apaga
con un silencio atronador,
atravesando el dique gris
de la existencia,
la no vivida y que ocupa
mayor parte en el reloj
de la vida adulta.

18

Anochece,
y los vocablos flotan
en un mar de páginas vacías,
lucho conmigo
hasta encontrar el verso que me salve,
pero solo hay cansancio y ruina,
y una esperanza placentera
de cruzar ese umbral
que separa el día del sueño.

Me adentro
en el poema de nadie,
en la escritura de todos,
donde en onírica materia
arde esta invisible voz.

17

Saber es sentir el corazón ajado,
ser lo inevitable, no caber en tu mano
ni en tu salvaje abrazo
que existe solo cuando lo imagino.

El sueño nos conduce a la muerte,
alterando esos ritmos naturales
que nos mantienen falsamente unidos
en la rutina atroz de los días.

16

Nada sé, obedezco
a la naturaleza que te nombra,
soñando puedo atisbar
tu rostro enardecido,
y mi testimonio se hace verdad
en la sinrazón de tu piel
que me arrastra al abismo
del amor y del espejo,
donde la noche tiembla.

15

Vuelvo a casa contigo,
de donde nunca debí regresar,
estoy en paz en tu calle conmigo,
somos muerte enamorada,
eres la vida en mí.

14

En la extraña quietud del verso herido
que atraviesa sin fe otra tarde ociosa,
y pregunta en secreto mientras fumas
cuál es la razón de tu existencia,
pero no dice nada en absoluto,
dejando un poso de inquietud
en cada espacio del amor
que un día nos juramos.

13

Fumo despacio,
aguardo la palabra
que rompa el caos
de esta existencia absurda,
y haga diana
en el presente roto.
Pienso en ti,
y en estos años malogrados
en que podríamos haber sido
incluso felices.
Lo hago
de forma pesimista,
como una obra acabada
que continúa sin sentido
mientras suena la radio.

12

Me quedé solo, en medio de la nada,
esperando el vacío.
Y tras zarpazos de un dolor sin nombre
—sufriendo por lo que pensabas
que realmente querías—
apareció la paz entre las sombras,
una paz desconocida
procedente de algún lugar remoto,
acallando el vasto temblor.
Detenido el tiempo en tu canción
tan solo la nada del instante reina ahora
entre las vanas sombras de la tarde,
sosiego al que ya nadie aspira
y en el que, de algún modo,
quisieras quedarte a morir.

11

Corre,
abre la puerta,
sal de esa estación
herida de pasado,
que el día es largo y trae
su propia dosis de veneno,
deja pasar
ese dolor plomizo
que enrarece el cielo,
administra en silencio
tu tragedia,
que se deshaga en lluvia
la palabra,
y todo vuelva
a comenzar de nuevo.

10

No volveré
a pasar por caminos de nieve
que conducen al capricho de tu herida,
la noche es ya territorio estéril
para nuestro amor de nueve años,
sosegada entre sauces
brilla la soledad
bajo el nuevo renacer,
nunca fue tan difícil el silencio
que sella esta paz, y es ser y camino,
nunca un adiós tan decidido
y tan vacilante en su estocada,
ahora dejo que fluya
como un río hacia el insomnio
nuestro amor ya malogrado,
escucha el otoño que llega,
amanece septiembre desbocado
haciendo jirones la vida.

9

Instalado en la duda
sucede el sol desde lo alto
del otoño, dan tu hora
y aguardas la pisada
liberadora y trascendente
de lo que nunca llega.
No importa ya que te apresures
hacia ese tren intermitente
que todavía espera,
o que malgastes tu tiempo
en justificaciones
que nadie quiere escuchar.
Instalado en la nada
de esta existencia oblicua
brindas por aceptar
el simulacro de la vida,
con un vago recuerdo
de luz entre los pájaros
soportas el tictac.

8

Como un ave doméstica
en su jaula,
te quisiste deshacer
de absurdos barrotes,
pero al conseguirlo
comprobaste
que ya no sabías volar.

7

En la nada rota de un verso
que no alcanza a decir
laten las verdades
ardientes como cifras
de un código nuevo,
en la nada rota de un verso
gestado con ceguera
sobre la incertidumbre sobria
y la monotonía
de un lunes cualquiera.
Balbuceo,
campanas de medianoche,
late el desierto de la sed.

6

Encrucijada de días iguales
en los que temes ser otro,
horas muertas,
cruzas fragmentos
de un libro inaccesible,
ese lenguaje extraño se torna familiar,
y sientes pero dudas, vagas
desconcertado en la noche
junto al resto de seres,
donde eres el otro,
como Jekyll
sientes al no reconocido.

5

Escribo huyendo de mí mismo
en este desierto oscuro
donde el presente aúlla,
escribo lentamente
y en cada sílaba del verso
muere una milésima del ser,
observa tu propia ceguera,
algo sin nombre escucha
encendiendo otra vida.

4

Ante la palabra enunciada,
motivo de disputas y debates
en este tiempo hostil propicio al odio,
el reto de la escucha silenciosa,
donde brota la interpretable flor
del poema abierto, y se hace posible
el milagro de un lenguaje nuevo.

3

Amor que en su declive nos arrastra
a continuar unidos por un hilo
frágil como nuestras voces,
y al fondo la tormenta solitaria
de encuentros postergados,
los excesos de la piel
y el inconsciente reproche
que hace mella en la existencia
ya de por sí absurda.

Se hace preciso volar,
pero no sabes a dónde,
y el poema no basta.

2

Donde pongas el corazón,
pon también la vida.
De lo contrario
no hagas nada, quédate quieto.
En cualquier caso
nadie te exime del error:
el futuro es
la verdadera trampa.

1

Destapo la costumbre
de las horas iguales,
ellas fingen vivir en paz
como un sano mecanismo
con el que atravesar los días,
pero el poema es un hacha
que parte el fondo
de esta noche oblicua,
súbitamente
el sueño se derrama
bajo una lámpara remota,
avanzando hacia la nada,
donde todo es creación.

0

Solo ante la nívea
sombra de un muerto,
solo ante un amor
ya desgastado,
intentas retomar
algo parecido a la vida,
pero ya nadie queda.
Eres
un actor principal
sin escenario,
ese viejo cantante
que ya no encuentra su voz,
otro final escrito
que no termina de cerrarse.
Nadie
en la encrucijada
de estos días aciagos,
bajo el cadáver del poema.

***

Agradeces a la vida
ese puro instante del reloj
que ayer fue pesadilla,
ya no tientas a la suerte
desde atalayas ciegas,
inútiles pretextos
y temibles artificios
siempre quedan en nada,
has aprendido al fin
la lección del viento,
en ningún hogar eres ley
ni raíz quieta, más bien huida
hacia donde nadie
visiblemente habita,
agradeces a la vida
            su tictac
comprendiendo el ritmo
del tiempo en cada cosa.

ÍNDICE

Este libro se terminó de editar en Granada
en septiembre de 2024 por

www.aversopoesia.com
hola@aversopoesia.com